Además, sus invitados no se sentirán culpables si deciden probar "una más", pues la comida mediterránea es muy sana, con ingredientes básicos como pescado, hortalizas, legumbres y arroz, muy poca carne roja y productos lácteos. El aceite de oliva está presente en prácticamente todos los platos. Complementa los sabores de los demás ingredientes y añade un toque afrutado distintivo, sin imponerse. Y lo que es mejor, no tiene colesterol, por lo que los países mediterráneos registran muy pocos casos de enfermedades coronarias.

MEZE: UNA EXPERIENCIA ÚNICA

Las meze no son sólo tapas. Sus sopas, ensaladas y panes pueden convertirlas en una comida completa y saciante. Si desea servir una meze como comida principal para cuatro personas, prepare unas dos recetas por comensal (ocho platos distintos en total) junto con una buena cantidad de pan crujiente. Según la tradición, las fuentes de meze deben servirse al mismo tiempo para que el anfitrión y sus invitados puedan disfrutar de una comida relajada y probar distintos platos aunque, por su-

puesto, puede servirlas como desee. El vino perfecto para acompañar los ricos sabores de las meze es el *retsina*. O, para una experiencia completamente distinta, pruebe el sabor a regaliz único del *ouzo*. Este licor constituye un acompañamiento auténtico y delicioso, ya sea solo o con un poco de agua helada.

De izquierda a derecha: Souvlakia; Ensalada griega; Aceitunas marinadas en eneldo, ajo y naranja; Tabbouleh; Dolmades vegetarianos y dados de feta griego.

Meze

Escoja algunas de nuestras tentadoras recetas de meze, que harán las delicias de sus amigos y no dejarán de sorprenderles.

❖ ❖ ❖

Kofta de cordero a la parrilla

Tiempo de preparación:
  20 minutos +
  1 hora en remojo
Tiempo de cocción:
  10 minutos
Para 8 unidades

400 g de carne magra
  de cordero picada
1 cucharada de perejil
  fresco picado
1 cucharadita de
  comino molido
2 cucharadas de
  cilantro fresco picado
pimienta de Cayena
2 dientes de ajo
  majados
½ cucharadita de
  menta seca
185 g de yogur tipo
  griego espeso

1. Ponga en remojo 8 broquetas de 15 cm durante 1 hora, o hasta que se hundan, para evitar que se quemen al asarlas.

2. Ponga en un bol la carne, el perejil, el comino, el cilantro, una pizca de pimienta de Cayena, la mitad del ajo y ½ cucharadita de sal. Trabaje con las manos hasta que la mezcla esté homogénea y se desprenda del bol.

3. Divídala en 16 porciones y con las manos frías, forme una bola con cada una. Ensarte dos bolas en cada broqueta y moldéelas en forma oval de 4 a 5 cm de longitud.

4. Mezcle la menta, el yogur y el ajo restante. Salpimiente.

5. Caliente una fuente para barbacoa con un poco de aceite o encienda el grill al máximo. Cueza las *kofta* unos 6 minutos, dándoles una vuelta. Sírvalas calientes con salsa de yogur a la menta.

VALOR NUTRITIVO POR UNIDAD *proteínas 12 g; grasas 2,5 g; hidratos de carbono 1 g; fibra 0 g; colesterol 35 mg; 80 cal*

Kofta de cordero a la parrilla

Coliflor rebozada

Tiempo de preparación:
  15 minutos +
  30 minutos en reposo
Tiempo de cocción:
  15 minutos
Para 6 personas

600 g de coliflor
55 g de harina besan
2 cucharaditas de
  comino molido
1 cucharadita de
  cilantro molido
1 cucharadita de
  cúrcuma molida
pimienta de Cayena
1 huevo poco batido
1 yema de huevo
aceite para freír

1. Corte la coliflor en ramilletes. Tamice la harina y las especias en un cuenco y añada ½ cucharadita de sal.
2. Bata ligeramente 60 ml de agua, el huevo batido y la yema. Forme un hueco en el centro de los ingredientes secos y vierta la mezcla de huevo, uniendo con un batidor hasta que esté homogéneo. Deje reposar 30 minutos.
3. Llene la tercera parte de una sartén con aceite y caliéntelo hasta que al echar un trocito de pan se dore en 15 segundos.

Sujete los ramilletes por el tallo, sumérjalos en la mezcla y escúrralos. Fríalos por tandas de 3 a 4 minutos, o hasta que estén hinchados y dorados. Escúrralos, sálelos y sírvalos calientes.

VALOR NUTRITIVO POR RACIÓN *proteínas 5 g; grasas 5 g; hidratos de carbono 7 g; fibra 3 g; colesterol 60 mg; 95 cal*

Nota: La harina de garbanzos *(besan)* se encuentra en tiendas de alimentos naturales.

Flores de calabacín rellenas

Tiempo de preparación:
  1 hora 20 minutos
  + 1 hora en reposo
Tiempo de cocción:
  10 minutos
Para 24 unidades

185 g de harina blanca
7 g de levadura seca o
  15 g de levadura
  fresca comprimida
24 calabacines
  en flor
50 g de kefalotyri
8 filetes de anchoa
aceite para freír

1. Tamice la harina y ¼ cucharadita de sal en un cuenco y forme un hueco en el centro.

Bata la levadura con 315 ml de agua tibia hasta que se disuelva y viértala en el hueco. Remueva con el batidor hasta obtener una masa viscosa. Cúbrala con film transparente y resérvela en un lugar cálido 1 hora, o hasta que esté espumosa. No la remueva.
2. Abra las flores y retire los estambres. Lávelas y escúrralas bien. Corte el queso en dados de 1 cm. Escurra las anchoas y córtelas en trozos de 1½ cm.
3. Ponga un dado de queso y un trozo de anchoa en el centro de cada flor y envuélvalos con los pétalos. Llene un tercio de una sartén honda con aceite y caliéntelo hasta que al echar un trocito de pan se dore en 15 segundos. Empape bien las flores con la masa y escúrralas un poco. Fríalas por tandas de 1 a 2 minutos, o hasta que estén hinchadas y un poco doradas. Escúrralas. Sírvalas calientes.

VALOR NUTRITIVO POR RACIÓN *proteínas 2 g; grasas 1,5 g; hidratos de carbono 5,5 g; fibra 0,5 g; colesterol 2,5 mg; 45 cal*

Nota: El *kefalotyri* es un queso de oveja pálido y duro. Si no lo encuentra, puede sustituirlo por queso parmesano o pecorino.

Coliflor rebozada (arriba) y Flores de calabacín rellenas

Dolmades vegetarianas

Tiempo de preparación:
1 hora + para enfriar
Tiempo de cocción:
1 hora 5 minutos
Para 25 unidades

125 ml de aceite de oliva
6 cebolletas picadas
150 g de arroz de
  grano largo
15 g de menta fresca
  picada
2 cucharadas de eneldo
  fresco picado
170 ml de zumo
  de limón
35 g de pasas
  de Corinto
40 g de piñones
240 g (unas 50) hojas
  de parra envasadas
2 cucharadas de aceite
  de oliva adicionales

1. Caliente el aceite en una cacerola. Añada la cebolleta y cueza a fuego medio 1 minuto. Incorpore el arroz, la menta, el eneldo y la mitad del zumo. Salpimiente. Vierta 250 ml de agua y llévelo a ebullición. Baje el fuego, tape la cacerola y cueza 20 minutos. Retire la tapa e incorpore las pasas y los piñones con un tenedor. Cubra con papel de cocina, ponga la tapa encima y deje enfriar.
2. Enjuague las hojas con agua y sepárelas con cuidado. Escúrralas y séquelas con papel de cocina. Corte los tallos gruesos. Forre la base de una cacerola de 20 cm de diámetro (con tapa) con las hojas rotas o irregulares. Elija las más grandes para rellenar y las más pequeñas para cubrir los huecos.
3. Coloque las hojas con la parte brillante boca abajo. Ponga una cucharada de relleno en el centro, pliegue los lados y enróllelas bien empezando por el tallo. Distribuya las hojas rellenas al fondo de la cacerola, en una sola capa, con las costuras hacia abajo y el extremo del tallo hacia usted.
4. Vierta el aceite y el zumo restantes y 185 ml de agua para cubrir las *dolmades.* Tápelas con un plato boca abajo y coloque una lata encima para presionarlas firmemente. Tape la cacerola.
5. Lleve a ebullición, baje el fuego y cueza 45 minutos. Deje enfriar en la cacerola. Sirva a temperatura ambiente.

VALOR NUTRITIVO POR RACIÓN *proteínas 1,5 g; grasas 7,5 g; hidratos de carbono 5,5 g; fibra 0 g; colesterol 0 mg; 90 cal*

Nota: Las *dolmades* se conservan 2 semanas en la nevera, tapadas y con el líquido de cocción.

Dolmades vegetarianas

Forre la base de la cacerola con las hojas rotas o irregulares.

Corte los tallos duros de las hojas de parra con unas tijeras de cocina.

Pliegue los lados de las hojas y enróllelas firmemente a partir del extremo del tallo.

Coloque las dolmades *en la cacerola con las costuras hacia abajo en una sola capa.*

Berenjenas al horno

Tiempo de preparación:
40 minutos +
30 minutos en reposo
Tiempo de cocción:
1 hora 20 minutos
Para 6 personas

6 berenjenas delgadas
80 ml de aceite de oliva
2 cebollas partidas por la mitad y en aros
2 dientes de ajo majados
1 tomate maduro picado fino
1 cucharada de perejil de hoja plana fresco picado
1 cucharadita de eneldo fresco picado
¼ cucharadita de canela molida
1 cucharadita de pimentón dulce
¼ cucharadita de azúcar
2 cucharadas de pasas de Corinto
1 tomate adicional rallado sin piel

1. Haga dos cortes longitudinales y profundos en las berenjenas. Sazone las aberturas con sal. Déjelas en un escurridor 30 minutos, enjuáguelas y escúrralas sobre papel de cocina.
2. Caliente la mitad del aceite en una sartén, añada la cebolla y fríala a fuego lento 20 minutos, o hasta que esté muy tierna. Agregue el ajo y fría 5 minutos más. Suba el fuego a medio e incorpore el tomate, el perejil, el eneldo, la canela, el pimentón, el azúcar y las pasas. Cueza 10 minutos, o hasta que la salsa esté espesa y jugosa. Rectifique de sal. Precaliente el horno a 180°C.
3. Caliente el aceite restante a fuego medio en una sartén grande y dore las berenjenas unos 10 minutos, o hasta que la piel cambie de color y la pulpa esté tierna. Déjelas escurrir sobre papel de cocina.
4. Ponga las berenjenas en una fuente refractaria bastante grande para que quepan en una sola capa. Ayudándose de una cuchara o con los dedos, abra las berenjenas y rellénelas con la salsa. Reparta el tomate rallado alrededor de las berenjenas con una cuchara. Hornee, tapado, 20 minutos. Destape y hornee otros 15 minutos. Sirva tibio o a temperatura ambiente.

VALOR NUTRITIVO POR RACIÓN *proteínas 2,5 g; grasas 13 g; hidratos de carbono 6,5 g; fibra 4 g; colesterol 0 mg; 150 cal*

Berenjenas al horno (arriba) y Garbanzos fritos

Garbanzos fritos

Tiempo de preparación:
30 minutos +
1 noche en remojo
Tiempo de cocción:
15 minutos
Para 5 personas

285 g de garbanzos
aceite para freír
½ cucharadita de pimentón dulce
¼ cucharadita de pimienta de Cayena

1. Remoje los garbanzos en abundante agua fría toda la noche. Escúrralos bien.
2. Llene la tercera parte de una sartén con aceite y caliéntelo hasta que al echar un trocito de pan se dore en 15 segundos. Fría la mitad de garbanzos 3 minutos. Escúrralos y repita la operación con el resto. Tape parcialmente la sartén, ya que es posible que algunos garbanzos estallen. Vigile el aceite.
3. Fría de nuevo los garbanzos por tandas 3 minutos, o hasta que estén dorados. Escúrralos. Mezcle el pimentón con la pimienta y la sal y sazone los garbanzos aún calientes con la mezcla. Sirva frío.

VALOR NUTRITIVO POR RACIÓN *proteínas 3,5 g; grasas 5 g; hidratos de carbono 7,5 g; fibra 2,5 g; colesterol 0 mg; 90 cal*

Champiñones al vino tinto

Tiempo de preparación:
15 minutos + 1 noche
en marinada
Tiempo de cocción:
30 minutos
Para 6 personas

400 g de champiñones
20 g de mantequilla
1 cucharada de aceite
    de oliva
4 cebolletas rojas
    encurtidas cortadas
    en cuartos
1 hoja de laurel
125 ml de vino tinto
    seco
1 cucharada de zumo
    de limón
1 cucharada de eneldo
    fresco picado
2 cucharadas de cilan-
    tro fresco picado

1. Corte los tallos y
parta los champiñones
por la mitad.
2. Caliente el aceite y la
mantequilla en una
sartén de fondo pesado.
Cuando espumee, agre-
gue las cebollas y sal-
téelas a fuego medio
2 minutos, o hasta que
empiecen a dorarse.
Añada los champiño-
nes. Cueza de 2 a 3 mi-
nutos, o hasta que em-
piecen a ablandarse y
dorarse.
3. Agregue el laurel, el
vino y el zumo. Lleve
a ebullición, baje el fuego al mínimo y cueza,
tapado, 25 minutos,
o hasta que los champi-
ñones estén tiernos. Re-
tire la hoja de laurel e
incorpore el eneldo y el
cilantro. Rectifique de
sal y pimienta negra mo-
lida. Pase la mezcla a un
recipiente hermético y
marine los champiñones
en la nevera toda la
noche o 2 días como
máximo. Sirva caliente
o frío.

VALOR NUTRITIVO POR
RACIÓN *proteínas 2,5 g;
grasas 3 g; hidratos de
arbono 2,5 g; fibra 2 g;
colesterol 8,5 mg; 60 cal*

Tortitas de calabacín

Tiempo de preparación:
20 minutos
Tiempo de cocción:
15 minutos
Para 16 unidades

2 calabacines medianos
1 cebolla pequeña
30 g de harina de fuerza
35 g de queso kefalotyri
    o parmesano rallado
1 cucharada de menta
    fresca picada
2 cucharaditas de
    perejil fresco picado
una pizca de nuez
    moscada
25 g de pan rallado
1 huevo
aceite de oliva
    para freír

1. Ralle los calabacines
y la cebolla y póngalos
en el centro de un pa-
ño de cocina limpio. Re-
tuerza el paño al máxi-
mo para eliminar el lí-
quido de las hortalizas.
Mezcle el calabacín, la
cebolla, la harina, el
queso, la menta, el pe-
rejil, la nuez moscada,
el pan rallado y el hue-
vo en un cuenco grande.
Sazone generosamente
con sal y pimienta
negra molida. Trabaje
la preparación con las
manos hasta obtener
una mezcla consistente
y glutinosa.
2. Caliente el aceite en
una cacerola a fuego
medio. Vierta cuchara-
das rasas de la mezcla
en el aceite y fría las
tortitas de 2 a 3 minu-
tos, o hasta que estén
bien doradas. Escúrra-
las sobre papel de coci-
na y sírvalas calientes,
ya sea con un poco de
sal por encima o con
tzatziki (pág. 49).

VALOR NUTRITIVO POR
RACIÓN *proteínas 2,5 g;
grasas 2 g; hidratos de
carbono 3 g; fibra 0,5 g;
colesterol 13 mg; 40 cal*

Nota: El *kefalotyri* y
el *kefalograviera* son
quesos de oveja
pálidos y duros de
origen griego. Puede
sustituirlos por par-
mesano o pecorino.

*Champiñones al vino tinto (arriba) y
Tortitas de calabacín*

Moldee la mezcla de bulgur *en forma de salchicha uniforme con las manos.*

Haga un orificio con el dedo índice y moldéelo con cuidado para rellenarlo.

Kibbeh

Tiempo de preparación:
  45 minutos + 2 horas
  de refrigeración
Tiempo de cocción:
  25 minutos
Para 15 unidades

235 g de bulgur *fino*
150 g de carne magra
  de cordero en trozos
1 cebolla rallada
2 cucharadas de harina
1 cucharadita de pimienta
  de Jamaica molida

Relleno
2 cucharaditas de aceite
1 cebolla bien picada
100 g de carne de
  cordero picada
½ cucharadita de
  pimienta de Jamaica
½ cucharadita de canela
80 ml de caldo de
  vacuno
2 cucharadas de piñones
2 cucharadas de menta
  fresca picada

Kibbeh

1. Cubra el *bulgur* con agua hirviendo y déjelo reposar 5 minutos. Escúrralo y presiónelo bien para eliminar el agua. Póngalo sobre papel de cocina para que absorba el resto.
2. En un robot de cocina, pique el *bulgur*, el cordero, la cebolla, la harina y la pimienta hasta obtener una masa fina. Sazone. Refrigere durante 1 hora.
3. Relleno: caliente el aceite en una sartén y sofría la cebolla a fuego lento 3 minutos, o hasta que esté tierna. Agregue la carne picada, la pimienta y la canela. Cueza 3 minutos a fuego fuerte removiendo. Vierta el caldo y cueza a fuego lento con la sartén medio tapada 6 minutos, o hasta que el picadillo esté tierno. Corte los piñones en trozos grandes y añádalos a la preparación con la menta. Sazone con sal y pimienta molida, y páselo a un cuenco. Deje enfriar.
4. Moldee 2 cucharadas de la mezcla de *bulgur* en forma de una salchicha de 6 cm. Humedézcase las manos y, con los dedos, haga un orificio longitudinal en el centro para rellenarlos. Introduzca en él 2 cucharaditas del relleno y selle la masa en forma de torpedo. Alise la superficie. Póngalos en una bandeja con papel de aluminio refrigere, sin tapar, 1 hora.
5. Llene la tercera parte de una sartén con aceite y caliéntelo. Fría los *kibbeh* de 2 a 3 minutos, o hasta que estén dorados. Escúrralos sobre papel de cocina y sírvalos calientes.

VALOR NUTRITIVO POR RACIÓN *proteínas 4,5 g; grasas 3 g; hidratos de carbono 10 g; fibra 2 g; colesterol 6,5 mg; 85 cal*

Kibbeh

Disponga 2 cucharaditas del relleno en el centro y selle el extremo abierto.

Moldéelos uniformemente en forma de torpedo con los extremos alargados.

15

Albóndigas

Tiempo de preparación:
  25 minutos + 30 mi-
  nutos de refrigeración
Tiempo de cocción:
  20 minutos
Para 28 unidades

115 g (4 rebanadas) de
  pan blanco sin corteza
150 g de carne de cerdo
  picada y 150 g de
  carne de ternera picada
1 cucharada de perejil
  de hoja plana fresco
1 cucharada de menta
  fresca picada
1 cebolla rallada
½ cucharadita de
  comino molido
1 huevo
25 g de queso kefalotyri
  o parmesano rallado
60 g de harina blanca
aceite de oliva para
  freír

1. En un cuenco, cubra
el pan con agua y escú-
rralo al máximo. Páselo
a un cuenco grande con
la carne, el perejil, la
menta, la cebolla, el co-
mino, el huevo y el que-
so. Sazone. Trabaje la
mezcla con las manos
de 2 a 3 minutos, hasta
que esté homogénea.
Tápela y refrigérela
durante 30 minutos.
2. Ponga la harina en
un plato llano. Con las
manos húmedas, mol-
dee cucharadas rasas de
la mezcla en forma de
bolas. Caliente el aceite

para freír a fuego medio.
Pase las albóndigas por
la harina y fríalas por
tandas de 3 a 5 minutos,
o hasta que estén dora-
das y bien cocidas por
dentro. Escúrralas sobre
papel de cocina y sír-
valas calientes.

VALOR NUTRITIVO POR
UNIDAD *proteínas 3,5 g;
grasas 2 g; hidratos de
carbono 3,5 g; fibra 0 g;
colesterol 10 mg; 45 cal*

Saganaki de Mejillones

Tiempo de preparación:
  45 minutos
Tiempo de cocción:
  25 minutos
Para 6 personas

750 g de mejillones
  negros pequeños
125 ml de vino blanco
  seco
3 ramitas de tomillo
  fresco
1 hoja de laurel
1 cucharada de aceite
  de oliva
1 cebolla grande
  picada
1 diente de ajo majado
420 g de tomates ma-
  duros rallados sin piel
2 cucharadas de con-
  centrado de tomate
½ cucharadita de
  azúcar
1 cucharada de vino
  tinto o vinagre

70 g de queso feta
1 cucharadita de hojas
  de tomillo fresco

1. Raspe y retire las
barbas de los mejillo-
nes; deseche los abier-
tos. En una cacerola
grande, lleve el vino, el
tomillo y el laurel a
ebullición. Añada los
mejillones y cueza 5 mi-
nutos. Cuele el líquido
sobre una jarra refracta-
ria y resérvelo. Elimine
los mejillones cerrados.
Deseche una de las
valvas de cada uno.
2. Caliente el aceite en
una cacerola y fría la
cebolla a fuego medio
3 minutos. Agregue
el ajo y fría 1 minuto
más. Riéguelo con el
líquido reservado,
suba el fuego y hiérvalo
2 minutos, o hasta que
se evapore casi por
completo. Incorpore
los tomates, el concen-
trado y el azúcar. Baje
el fuego y cueza 5 mi-
nutos. Vierta el vino
tinto o el vinagre y
cueza 5 minutos más.
3. Añada los mejillones
y cueza a fuego medio
durante 1 minuto. De-
core el plato con el que-
so desmenuzado y el
tomillo. Sirva caliente.

VALOR NUTRITIVO POR
RACIÓN *proteínas 5 g;
grasas 9 g; hidratos de
carbono 4 g; fibra 1,5 g;
colesterol 10 mg; 210 cal*

*Albóndigas (arriba) y
Saganaki de mejillones*

Falafel

Tiempo de preparación:
20 minutos
+ 1 noche en remojo
+ 2 horas en la nevera
Tiempo de cocción:
15 minutos
Para 16 unidades

250 g de garbanzos
4 cebolletas picadas
2 dientes de ajo majados
15 g de perejil fresco
  picado
15 g de menta fresca
  picada
25 g de cilantro fresco
  picado
¼ cucharadita de
  pimienta de Cayena
2 cucharaditas de
  comino molido
2 cucharaditas de
  cilantro molido
½ cucharadita de
  levadura en polvo
aceite para freír

1. Cubra los garbanzos
con abundante agua
fría y déjelos en remo-
jo la noche anterior.
Escúrralos bien.
2. Mezcle los garban-
zos, la cebolleta, el ajo,
el perejil, la menta, el
cilantro picado y el
molido, la pimienta,
el comino, la levadura y
1 cucharadita de sal. Pí-
quelo todo en un robot
de cocina por tandas
entre 30 y 40 segundos,
o hasta que quede bien

Falafel (arriba) y Labneh

picado y la mezcla esté
viscosa y homogénea.
Refrigérela sin tapar 2
horas como mínimo.
3. Moldee 2 cucharaditas de la mezcla en la
palma de la mano y dé-
le forma de empanada.
Llene la tercera parte de
una sartén con aceite y
caliéntelo hasta que al
echar un trocito de pan
se dore en 15 segundos.
Fría los *falafel* por tandas de 3 a 4 minutos, o
hasta que estén dorados.
Escúrralos sobre papel
de cocina y sírvalos ca-
lientes con *Hummus*
(pág. 49).

VALOR NUTRITIVO POR
UNIDAD *proteínas 3 g;
grasas 3,5 g; hidratos de
carbono 6 g; fibra 2 g;
colesterol 0 mg; 65 cal*

Labneh

Tiempo de preparación:
20 minutos + 4 días
de refrigeración
Tiempo de cocción:
Ninguno
Para 12 unidades

500 g de yogur tipo
  griego espeso
2 cucharaditas de sal
  marina
1 cucharada de
  orégano seco
2 cucharaditas de hojas
  secas de tomillo
1 hoja de laurel
350 ml de aceite de oliva

1. Doble un trozo de
muselina de 60 x 30 cm
por la mitad.
2. Mezcle el yogur, 1 cucharadita de pimienta
negra y la sal en un bol.
Forre otro bol con la
muselina y llénelo con
la mezcla. Una los ex-
tremos y átelos con un
trozo de bramante de
manera que la tela esté
en contacto con el yo-
gur. Pase los cabos suel-
tos a través del palo de
una cuchara de madera
y disponga el paquete
sobre un bol para que
escurra 3 días en la
nevera.
3. Mezcle el orégano
y el tomillo en un plato.
Vierta la mitad del acei-
te en una jarra de 500
ml y añada el laurel.
4. Moldee cucharaditas
rasas de la mezcla de
yogur en bolitas. Páselas
por las hierbas y pónga-
las en la jarra. Vierta el
resto de aceite para cu-
brir las bolitas. Tape la
jarra y refrigere 1 día
como mínimo. Sirva a
temperatura ambiente.

VALOR NUTRITIVO POR
UNIDAD *proteínas 2 g;
grasas 6 g; hidratos de
carbono 2 g; fibra 0 g;
colesterol 3 mg; 57 cal*

Nota: Los *labneh* pueden prepararse 2 meses
antes y guardarse en la
nevera. El aceite se vol-
verá blanco y se solidi-
ficará, pero recuperará
el estado líquido a tem-
peratura ambiente.

Ensalada de chorizo con menta

Tiempo de preparación:
30 minutos
Tiempo de cocción:
25 minutos
Para 6 personas

5 *chorizos*
125 *ml de vinagre de vino tinto*
3 *cucharadas de azúcar extrafino*
1 *cebolla roja grande cortada en aros finos*
1 *cucharada de menta fresca desmenuzada*

1. Precaliente el horno a 180°C.
2. Pinche los chorizos con un tenedor y áselos en el horno de 10 a 20 minutos, o hasta que estén bien cocidos. Deje que se enfríen.
3. Mezcle el vinagre y el azúcar en una cacerola grande con tapa hermética. Remueva a fuego lento hasta que se disuelva el azúcar. Añada la cebolla, tape y cueza 2 minutos a fuego lento. Retire la tapa y deje enfriar la preparación. Escurra la cebolla y reserve 60 ml del líquido de cocción.
4. Corte los chorizos en rodajas y páselas a una ensaladera con la cebolla y la menta. Sirva tibio o frío, rociado con el líquido reservado.

VALOR NUTRITIVO POR RACIÓN *proteínas 8 g; grasas 15 g; hidratos de carbono 5,5 g; fibra 0,5 g; colesterol 40 mg; 225 cal*

Codornices a la barbacoa

Tiempo de preparación:
40 minutos + 3 horas de refrigeración
Tiempo de cocción:
10 minutos
Para 6 personas

6 *codornices*
250 *ml de vino tinto seco*
2 *tallos de apio, hojas incluidas, picados*
1 *zanahoria picada*
1 *cebolla pequeña picada*
1 *hoja de laurel desmenuzada*
1 *cucharadita de pimienta de Jamaica*
1 *cucharadita de tomillo seco*
2 *dientes de ajo majados*
2 *cucharadas de aceite de oliva*
2 *cucharadas de zumo de limón*
1 *limón en rodajas*

1. Corte los espinazos de las codornices con tijeras para aves y deséchelos. Retire las vísceras, limpie el interior y séquelo con papel de cocina. Ponga las aves con la pechuga hacia arriba en una tabla de cocina, ábralas y presiónelas un poco para aplanarlas. Córtelas por la mitad por la parte del pecho y luego en dos trozos, uno con el muslo y la pierna y otro con la pechuga y el ala.
2. En un cuenco que no sea metálico, mezcle el vino, el apio, la zanahoria, la cebolla, el laurel y la pimienta. Agregue las codornices y remueva para que se empapen bien. Tape y refrigere 3 horas o, preferentemente, toda la noche, removiendo de vez en cuando. Escurra la carne y sazónela con el tomillo, sal y pimienta.
3. Bata el ajo, el aceite y el zumo en un bol.
4. Caliente una fuente para barbacoa untada con un poco de aceite o encienda el grill al máximo. Baje el fuego a medio y cueza los trozos de pechuga de 4 a 5 minutos y los muslos 3 minutos por lado, o hasta que la carne esté tierna y cocida. Rocíe la carne de vez en cuando con la mezcla de limón y sirva caliente decorado con las rodajas de limón.

VALOR NUTRITIVO POR RACIÓN *proteínas 7 g; grasas 12,5 g; hidratos de carbono 2 g; fibra 1 g; colesterol 0 mg; 275 cal*

Ensalada de chorizo con menta (arriba) y Codornices a la barbacoa

Tenga el bacalao en remojo en un cuenco grande entre 8 y 12 horas.

Cuando esté bastante frío, retírele la piel y las espinas.

Buñuelos de bacalao con skordalia

Tiempo de preparación:
50 minutos + 8-12 h
en remojo
Tiempo de cocción:
55 minutos
Para 24 unidades

400 g de bacalao salado
300 g de patatas
  harinosas sin pelar
1 cebolleta (25 g)
  encurtida rallada
2 cucharadas de perejil
  fresco picado
1 huevo poco batido
aceite para freír

Skordalia
250 g de patatas
  harinosas sin pelar
2 dientes de ajo majados
1 cucharada de vinagre
  de vino blanco
2 cucharadas de aceite
  de oliva

1. Tenga el bacalao en remojo en un cuenco grande entre 8 y 12 horas. En este tiempo, cambie tres veces el agua para eliminar el exceso de sal del bacalao. Escúrralo sobre papel de cocina.
2. Para el *skordalia*, hierva o cueza al vapor las patatas hasta que estén tiernas, pélelas y hágalas puré. Cuando estén frías, añada el ajo, el vinagre y el aceite. Sazone con sal y pimienta negra molida. Mezcle con un tenedor y reserve.
3. Ponga el bacalao en una cacerola, cúbralo con agua, llévelo a ebullición y cuézalo 15 minutos. Escúrralo bien y séquelo sobre papel de cocina. Cuando esté lo bastante frío, retírele la piel y las espinas y desmenúcelo con los dedos en un cuenco. Mientras, hierva o cueza al vapor las patatas hasta que

estén tiernas, pélelas y hágalas puré.
4. Añada el puré al bacalao con la cebolla, el perejil, el huevo y ½ cucharadita de pimienta molida. Remueva bien con una cuchara de madera hasta obtener una mezcla espesa. Rectifique de sal.
5. Llene la tercera parte de una cacerola honda con aceite y caliéntelo hasta que al echar un trocito de pan se dore en 15 segundos. Vierta cucharadas rasas de la mezcla en el aceite y fríalas por tandas 2 ó 3 minutos, o hasta que se doren. Escurra los buñuelos y sírvalos calientes con el *skordalia*.

VALOR NUTRITIVO POR UNIDAD *proteínas 5 g; grasas 4 g; hidratos de carbono 3,5 g; fibra 1 g; colesterol 75 mg; 85 cal*

Nota: El *skordalia* puede prepararse 4 días antes y guardarse tapado en el nevera.

Buñuelos de bacalao con skordalia

Desmenuce el bacalao con los dedos en un bol y resérvelo.

Ponga cucharadas rasas de la mezcla en el aceite y fríalas hasta que se doren bien.

Rollitos de pollo

Tiempo de preparación:
  1 hora 15 minutos
Tiempo de cocción:
  1 hora 5 minutos
Para 40 unidades

60 g de mantequilla
1 cebolla grande picada
2 dientes de ajo majados
2 cucharadas de
  harina
125 ml de caldo
  de pollo
125 ml de leche
1 pollo grande asado a
  la barbacoa sin la piel
  y desmenuzado
25 g de parmesano
  rallado
2 cucharaditas de hojas
  de tomillo fresco
25 g de pan rallado
2 huevos poco batidos
13 láminas de pasta filo
  cortadas en tres trozos
  en diagonal
140 g de mantequilla
  adicional derretida

1. Derrita la mantequilla, agregue la cebolla y
sofríala a fuego lento
12 minutos, o hasta que
esté tierna, removiendo
a menudo. Suba el fue-
go y añada el ajo. Cue-
za sin dejar de remover
1 minuto y añada la ha-
rina. Siga removiendo
1 minuto más. Retírelo
del fuego, añada poco a
poco el caldo y la leche,
removiendo hasta que
esté homogéneo. Pónga-
lo a fuego alto y llévelo

a ebullición, removien-
do a menudo hasta
que la salsa hierva y se
espese. Hiérvalo 1 mi-
nuto, retírelo del fuego
y añada el pollo, el
parmesano, el tomillo,
el pan rallado, sal y
pimienta. Deje enfriar
y vierta los huevos.
2. Precaliente el horno
a 220°C. Engrase lige-
ramente tres bandejas
de horno.
3. Coloque un trozo de
pasta filo en una tabla
con el extremo más cor-
to hacia usted (cubra las
otras porciones con un
paño húmedo). Píntelo
con la mantequilla de-
rretida y ponga una
cucharada de la mezcla
de pollo en el extremo
más cercano a usted.
Pliegue los lados hacia
adentro, píntelos con
mantequilla y enrolle la
masa con firmeza hasta
formar un rollo de 7 a
8 cm de largo. Póngalo
en la bandeja y pinte la
parte superior con man-
tequilla. Repita la ope-
ración con el resto de
los ingredientes.
4. Hornee los rollos
15 minutos en la parte
superior del horno has-
ta que estén bien dora-
dos. Sírvalos calientes.

VALOR NUTRITIVO POR
UNIDAD *proteínas 4 g;
grasas 5,5 g; hidratos de
carbono 3 g; fibra 0 g;
colesterol 35 mg; 80 cal*

Lechuga encurtida

Tiempo de preparación:
  20 minutos +
  refrigeración
Tiempo de cocción:
  5 minutos
Para 6 personas

60 ml de vinagre
  balsámico
60 ml de aceite de oliva
1 cucharadita de azúcar
  moreno
3 lechugas romanas
  enanas (véase Nota)

1. Mezcle el vinagre,
el aceite y el azúcar.
2. Elimine las hojas
exteriores de las lechu-
gas hasta llegar al co-
gollo. Lave los cogollos
con agua y pártalos
por la mitad.
3. Póngalos en una
cacerola con agua hir-
viendo con un poco de
sal y hiérvalos 3 minu-
tos, o hasta que estén
tiernos pero enteros. Es-
cúrralos. Dispóngalos en
un plato, adérecelos con
la mezcla de vinagre,
deje enfriar y sirva.

VALOR NUTRITIVO POR
RACIÓN *proteínas 0 g;
grasas 10 g; hidratos de
carbono 1 g; fibra 0,5 g;
colesterol 0 mg; 90 cal*

Nota: Si no las encuentra,
use lechugas romanas
medianas y firmes.

*Rollitos de pollo (arriba)
y Lechuga encurtida*

Borek de tomate y berenjena

Tiempo de preparación:
50 minutos + 1 hora
de refrigeración
Tiempo de cocción:
1 hora
Para 30 unidades

75 g de mantequilla
  derretida
80 ml de aceite de oliva
185 g de harina blanca

Relleno
250 g de tomates
2 cucharaditas de aceite
  de oliva
1 cebolla pequeña picada
½ cucharadita de
  comino molido
300 g de berenjenas,
  en dados de 2 cm
2 cucharaditas de con-
  centrado de tomate
1 cucharada de cilantro
  fresco picado
1 huevo poco batido

1. Ponga la mantequi-
lla, el aceite y 80 ml de
agua en un bol y sale.
Añada la harina sin de-
jar de mezclar con una
cuchara de madera has-
ta obtener una masa
aceitosa y grumosa que
se desprenda de las pa-
redes del bol. Trabaje
la masa para homoge-
neizarla, cúbrala con
film transparente y
refrigérela 1 hora.

2. Descorazone los tomates y corte una pe-
queña cruz en la base.
Escáldelos 1 minuto en
agua hirviendo. Escú-
rralos, sumérjalos en
agua fría y pélelos. Pár-
talos por la mitad, pre-
siónelos sobre un bol
para retirar las semillas
y pique bien la pulpa.
3. Caliente el aceite en
una sartén y sofría la
cebolla removiendo a
fuego lento 2 ó 3 minu-
tos. Agregue el comino,
rehóguelo 1 minuto,
añada la berenjena y,
removiendo, cueza de 8
a 10 minutos, o hasta
que esté tierna. Incor-
pore el tomate y el con-
centrado. Cueza a fuego
medio 15 minutos, o
hasta que la mezcla se
seque. Remueva de vez
en cuando. Sazone y
añada el cilantro. Deje
enfriar.
4. Precaliente el horno
a 180°C. Engrase lige-
ramente dos bandejas
de horno.
5. Con un rodillo, extienda la mitad de la
masa en una superficie
enharinada hasta obte-
ner un grosor de 2 mm.
Con un cortapastas de
8½ cm, corte círculos
en la masa. Disponga
2 cucharaditas rasas de
la mezcla en el centro
de cada círculo, pinte
un poco los bordes con
agua y pliegue la masa

sobre el relleno elimi-
nando el aire. Presione
bien y selle el borde con
un tenedor. Ponga los
borek en las bandejas
y píntelos con el huevo.
Hornéelos en la parte
superior del horno 25
minutos, o hasta que
estén dorados.

VALOR NUTRITIVO POR
UNIDAD *proteínas 1 g;*
grasas 5 g; hidratos de
carbono 5 g; fibra 0,5 g;
colesterol 12 mg; 70 cal

Ensalada griega

Tiempo de preparación:
20 minutos
Tiempo de cocción:
Ninguno
Para 8 personas

6 tomates en cuñas
1 cebolla roja en aros
2 pepinos en rodajas
185 g de aceitunas
  Kalamata
200 g de queso feta
125 ml de aceite de oliva
  virgen
orégano seco

1. Mezcle el tomate, la
cebolla, el pepino y las
aceitunas en una ensala-
dera. Sazone al gusto.
2. Reparta el feta en
trozos grandes sobre la
superficie. Aderece con
el aceite y el orégano.

VALOR NUTRITIVO
proteínas 6,5 g; grasas 20 g;
hidratos de carbono 4 g;
fibra 2,5 g; colesterol
17 mg; 235 cal

Borek de tomate y berenjena (arriba)
y Ensalada griega

Pastel de espinacas

Tiempo de preparación:
50 minutos + 1 hora
de refrigeración
Tiempo de cocción:
50 minutos
Para 16 porciones

250 g de harina blanca
30 g de mantequilla
  en trozos
60 ml de aceite de oliva
125 ml de agua tibia

Relleno
420 g de espinacas
1 puerro (sólo la parte
  blanca) partido por la
  mitad a lo largo y cor-
  tado en rodajas finas
¼ cucharadita de nuez
  moscada rallada
2 cucharaditas de
  eneldo fresco picado
200 g de queso feta
  desmenuzado
1 cucharada de pan
  rallado
3 huevos poco batidos
2 cucharadas de aceite
  de oliva

1. Engrase una bandeja
de 28 x 18 x 3 cm.
2. Tamice la harina
en un bol y añada ½
cucharadita de sal.
Con las puntas de los
dedos, trabaje la man-
tequilla con la harina
hasta obtener una tex-
tura de pan rallado
fino. Vierta el aceite y
mézclelo sujetando la
mezcla de harina con
una mano y frotando
la superficie con la
otra hasta que esté
uniforme. Forme un
hueco en el centro y,
mientras mezcla con la
mano, añada agua has-
ta obtener una masa
firme y flexible. Amase
suavemente; la mezcla
no debe quedar total-
mente homogénea.
Cúbrala con film
transparente y refri-
gérela 1 hora.
3. Deseche la parte
inferior del tallo de las
espinacas. Lávelas y
trocee las hojas y los
tallos restantes. Pónga-
las sobre un paño de
cocina y retuérzalo al
máximo para secarlas.
Páselas a un bol con el
puerro, la nuez mosca-
da, el eneldo, el feta,
el pan rallado y ½ cu-
charadita de pimienta
negra molida.
4. Precaliente el horno
a 220°C. Extienda la
mitad de la masa con
un rodillo sobre una
superficie ligeramente
enharinada y forre con
ella una bandeja de
horno, presionando
para que tenga el
mismo grosor en la
base y los bordes.
5. Añada los huevos y
el aceite a las espinacas.
Trabaje la preparación
con las manos sin mez-
clarla en exceso para
que no esté demasiado
líquida. Viértala sobre
la masa de la bandeja.

6. Extienda la masa
restante con el rodillo
hasta que pueda cubrir
con ella el relleno y presione bien los bordes
para sellarla. Recorte la
masa que sobre con un
cuchillo afilado. Pinte la
superficie con un poco
de aceite de oliva y,
con un cuchillo afilado,
márquela con tres líneas
a lo largo y tres en dia-
gonal, formando rom-
bos. Haga dos o tres
pequeños cortes en la
capa superior de masa
para eliminar el vapor.
7. Hornee el pastel en
la parte central del hor-
no de 45 a 50 minutos,
o hasta que esté dora-
do. Si se dora en exce-
so, cubra la superficie
con papel de aluminio.
El pastel estará cocido
cuando, al sacudir un
poco la bandeja, resba-
le. Vuélquelo sobre una
rejilla metálica y déjelo
enfriar 10 minutos.
Córtelo en rombos
sobre una tabla de
cocina. Sirva el pastel
tibio o frío.

VALOR NUTRITIVO POR
RACIÓN *proteínas 6 g;*
grasas 12 g; hidratos de
carbono 12 g; fibra 1,5 g;
colesterol 45 mg; 175 cal

Nota: Obtendrá mejores
resultados si prepara la
masa la noche anterior.
Las manchitas de la
superficie se deben a la
solidificación del aceite.

Pastel de espinacas

Albóndigas rellenas de haloumi

Tiempo de preparación:
25 minutos + 30 minutos de refrigeración
Tiempo de cocción:
10 minutos
Para 12 unidades

4 rebanadas (125 g) de pan blanco sin corteza
350 g de carne de cordero o vacuno picada
2 cucharaditas de perejil fresco picado
1 ½ cucharadas de menta fresca picada
1 cebolla pequeña rallada
1 huevo poco batido
70 g de haloumi (véase la Nota)
2 cucharadas de harina
aceite de oliva para freír

1. Ponga el pan en un bol, cúbralo con agua y escúrralo al máximo. Mézclelo con la carne picada, el perejil, la menta, la cebolla, el huevo, pimienta y ½ cucharadita de sal. Trabaje la mezcla con las manos de 2 a 3 minutos, desmenuzando la carne y los trozos grandes de pan con los dedos. Debe quedar homogénea y desprenderse de las paredes del bol. Tape la mezcla y refrigérela 30 minutos.

2. Corte el *haloumi* en 12 rectángulos de 3 x 1 x 1 cm. Ponga la harina en un plato. Divida la mezcla en porciones de una cucharada rasa; moldéelas en forma alargada y aplánelas en la palma de la mano. Coloque un trozo de queso en el centro y cúbralo con otra porción de picadillo. Una los extremos y moldéelos en forma de torpedo de 6 a 7 cm de largo. Repita la operación con el picadillo restante.
3. Caliente el aceite en una sartén honda hasta que al echar un trocito de pan se dore en 15 segundos. Reboce las albóndigas en la harina, sacúdalas para eliminar el exceso y fríalas de 3 a 5 minutos, o hasta que estén cocidas y doradas. Escúrralas sobre papel de cocina y repita la operación con el resto. Sirva las albóndigas calientes.

VALOR NUTRITIVO POR RACIÓN *proteínas 9 g; grasas 8,5 g; hidratos de carbono 6,5 g; fibra 0,5 g; colesterol 50 mg; 140 cal*

Nota: El *haloumi* es un queso de oveja, blanco y cremoso, conservado en salmuera.

Tabbouleh

Tiempo de preparación:
10 minutos +
30 minutos en remojo
Tiempo de cocción:
Ninguno
Para 4 personas

130 g de bulgur
2 tomates troceados
4 cebolletas picadas
1 pimiento amarillo picado fino
45 g de perejil fresco picado
15 g de menta fresca picada
60 ml de aceite de oliva
60 ml de zumo de limón
1 diente de ajo majado

1. Cubra el *bulgur* con 185 ml de agua hirviendo. Déjelo en remojo 30 minutos, o hasta que se absorba el agua y los granos aumenten de volumen.
2. Mezcle el tomate, la cebolleta, el pimiento, el perejil, la menta y el *bulgur*, y sazone.
3. Bata el aceite, el zumo y el ajo. Viértalo sobre la ensalada, revuélvalo y sirva frío.

VALOR NUTRITIVO POR RACIÓN *proteínas 5 g; grasas 15 g; hidratos de carbono 20 g; fibra 7 g; colesterol 0 mg; 245 cal*

Nota: El *bulgur* se obtiene a partir del trigo molido.

Albóndigas rellenas de haloumi (arriba) y Tabbouleh

Aceitunas marinadas

Para garantizar la buena conservación de las aceitunas, esterilice en primer lugar la jarra, enjuáguela con agua hirviendo y, a continuación, séquela en el horno a temperatura media. Sirva las aceitunas a temperatura ambiente para disfrutar de todo su sabor.

LIMÓN, AJO Y TOMILLO

Corte 8 rodajas de limón en cuartos y mézclelas con 1½ cucharaditas de hojas de tomillo, 2 dientes de ajo majados, 250 g de aceitunas *kalamata* y 250 g de aceitunas verdes. Cámbielo todo a una jarra de 1 litro esterilizada y vierta unos 440 ml de aceite de oliva hasta cubrirlo. Cierre bien la jarra y refrigere hasta 3 meses. Pueden consumirse a los 2 días de su preparación.

GUINDILLA, ORÉGANO Y LIMÓN

Mezcle 500 g de aceitunas negras curadas (de aspecto arrugado) con 2 cucharaditas de ralladura fina de limón, 2 cucharaditas de orégano fresco y 3 de copos de guindilla seca. Páselo a una jarra de 750 ml esterilizada y cúbralo con aceite de oliva. Cierre la jarra herméticamente y guárdela en la nevera 3 meses como máximo. Pueden consumirse a los 2 días de su preparación.

ENELDO, AJO Y NARANJA

Mezcle 500 g de aceitunas *kalamata* con 3 cucharadas de eneldo fresco picado, 1 diente de ajo majado, 4 rodajas de naranja en octavos y 2 hojas de laurel en trozos. Páselo todo a una jarra de 1 litro esterilizada y vierta unos 440 ml de aceite de oliva hasta cubrirlo. Cierre bien la jarra y guárdela en la nevera 3 meses como máximo. Pueden consumirse a los 2 días de su preparación.

Izquierda a derecha: Cilantro y naranja; Guindilla, orégano y limón; Limón, ajo y tomillo; Aceitunas con encurtidos; Aceitunas sevillanas; Eneldo, ajo y naranja.

ACEITUNAS CON ENCURTIDOS

Mezcle 200 g de aceitunas gordal verdes, 4 pepinillos en rodajas gruesas, 1 cucharada de alcaparras, 2 cebolletas en vinagre en cuartos, 2 cucharaditas de semillas de mostaza y 1 cucharada de ramitas de eneldo. Páselo a una jarra de 500 ml esterilizada y cúbralo con 125 ml de vinagre de estragón y 125 ml de aceite de oliva. Cierre la jarra herméticamente y guárdela en la nevera hasta 3 meses. Pueden consumirse a los 2 días de su preparación. Sacuda la jarra de vez en cuando.

ACEITUNAS SEVILLANAS

Mezcle 1 cucharada de hojas de romero fresco, 1 cucharadita de hojas de tomillo seco, 1 hoja de laurel en trozos, 1 cucharadita de semillas de hinojo molidas gruesas, 3 filetes de anchoa troceados, 2 dientes de ajo majados y 500 g de aceitunas verdes rellenas. Cámbielo todo a una jarra de 1 litro y cúbralo con 125 ml de vinagre de estragón y 185 ml de aceite de oliva. Cierre la jarra y guárdela en la nevera hasta 3 meses. Pueden consumirse a los 2 días de su preparación.

CILANTRO Y NARANJA

Machaque ligeramente 2 cucharaditas de semillas de cilantro en un mortero. Mézclelas con 1 cucharadita de semillas de comino y 2 cucharaditas de ralladura de naranja. Incorpore 500 g de aceitunas gordal verdes y remueva bien. Cámbielo todo a una jarra de 1 litro esterilizada y vierta unos 440 ml de aceite de oliva hasta cubrirlo. Cierre la jarra y guárdela en la nevera 3 meses como máximo. Estas aceitunas pueden consumirse a los 2 días de su preparación.

33

Sardinas al horno

Tiempo de preparación:
  30 minutos
Tiempo de cocción:
  20 minutos
Para 6 personas

6 *sardinas frescas*
60 *ml de aceite de oliva*
2 *cucharadas de zumo*
  de limón
1 *diente de ajo picado*
1 ½ *cucharaditas de*
  orégano seco

1. Precaliente el horno
a 210°C. Para limpiar
las sardinas, rasque la
superficie con un cuchi-
llo pequeño empezando
por la cola para retirar
las escamas (obtendrá
mejores resultados si lo
hace bajo el agua). Ha-
ga un corte en la cavi-
dad intestinal. Corte la
cabeza y tire de ella con
cuidado para retirar
los intestinos al mismo
tiempo. Abra la cavi-
dad y elimine el resto
de las vísceras. Sacúda-
las un poco para elimi-
nar el agua y escúrralas
sobre papel de cocina.
2. Ponga las sardinas
en una fuente de horno
donde quepan en una
sola capa y sazónelas
con sal y ½ cucharadita
de pimienta. Rocíelas
con el aceite y el zumo
de limón, y esparza el
ajo y el orégano enci-
ma. Déles la vuelta pa-
ra que se empapen y

áselas, sin tapar, en la
parte superior del hor-
no de 15 a 20 minutos,
hasta que la carne se
escame y se desprenda
de la espina. Sírvalas
calientes o tibias.

VALOR NUTRITIVO POR
RACIÓN *proteínas 2,5 g;
grasas 10 g; hidratos de
carbono 0,5 g; fibra 0 g;
colesterol 15 mg; 48 cal*

Remolacha con skordalia

Tiempo de preparación:
  25 minutos
Tiempo de cocción:
  1 hora
Para 8 personas

Skordalia
250 *g de patatas*
  harinosas con piel
2 *dientes de ajo majados*
1 *cucharada de vinagre*
  de vino blanco
2 *cucharadas de aceite*
  de oliva

1 *kg de remolacha,*
  hojas incluidas
60 *ml de aceite de oliva*
  virgen
1 *cucharada de vinagre*
  de vino tinto

1. Hierva las patatas
hasta que estén tiernas.
Pélelas y hágalas puré.
Una vez frías, mézclelas
con el ajo, el vinagre y
el aceite. Sazone.

2. Corte los tallos con
hojas de los bulbos de
remolacha. Deje los ta-
llos de 2 cm y recorte
las partes duras de las
hojas. Corte los tallos y
las hojas en trozos más
pequeños y lávelos.
3. Lave los bulbos.
Ponga agua en una
cacerola y llévela a
ebullición. Sumerja los
bulbos sin pelar y cueza
a fuego fuerte de 20 a
40 minutos (según el
tamaño), o hasta que al
pincharlos con un cu-
chillo afilado estén tiernos. Retírelos con una
espumadera y deje que
se enfríen un poco.
4. Lleve el líquido de
cocción a ebullición y
agregue más agua si es
necesario. Añada las ho-
jas y los tallos, y cué-
zalos 8 minutos. Re-
mueva y escurra.
5. Pele la piel de los
bulbos con unos guan-
tes de goma. Pártalos
por la mitad y, después,
en rodajas gruesas.
6. Disponga las hojas,
los tallos y los bulbos
en una fuente de servir.
Mezcle el aceite y el vi-
nagre y sazone al gusto.
Viértalo sobre la remo-
lacha y sírvalo acompa-
ñado del *skordalia*.

VALOR NUTRITIVO
*proteínas 3 g; grasas 12 g;
hidratos de carbono 15 g;
fibra 4,5 g; colesterol
0 mg; 178 cal*

*Sardinas al horno (arriba)
y Remolacha con skordalia*

Hígado con limón

Tiempo de preparación:
  15 minutos
Tiempo de cocción:
  10 minutos
Para 8 personas

*500 g de hígado de
  cordero*
30 g de harina
*½ cucharadita de
  pimentón dulce*
*2 cucharadas de aceite
  de oliva*
*2 cucharadas de zumo
  de limón*
*1 cucharadita de
  orégano seco*

1. Limpie bien el hígado. Deseche las partes grasas y córtelo en filetes de 2 cm de espesor. Corte los más largos en dos o tres trozos.
2. En un plato llano, mezcle la harina y el pimentón, y sazone con ½ cucharadita de sal y ½ de pimienta negra molida. Caliente el aceite en una sartén a fuego medio. Reboce una tercera parte de los filetes de hígado en la harina sazonada y sacúdalos para eliminar el exceso. Fríalos 1 minuto por cada lado o hasta que estén dorados, crujientes y con el interior rosado. Escúrralos sobre papel de cocina y póngalos en una fuente de servir tibia. Repita el proceso con el resto de los filetes en dos tandas. Cúbralos con papel de aluminio para que no se enfríen.
3. Retire la sartén del fuego y añada el zumo de limón. Cuando deje de burbujear, viértalo sobre los filetes. Espolvoree el orégano por encima y sirva caliente.

VALOR NUTRITIVO
*proteínas 15 g; grasas
9,5 g; hidratos de carbono
4,5 g; fibra 0 g; colesterol
270 mg; 160 cal*

Ensalada de berenjena

Tiempo de preparación:
  30 minutos + 1 hora
  de refrigeración
Tiempo de cocción:
  1 hora
Para 6 personas

1 pimiento rojo
*1 berenjena grande
  en cuatro trozos*
*½ cebolla roja en
  cuñas finas*
*1 tomate mediano
  picado*
*1 cucharada de perejil
  fresco picado*
1 diente de ajo majado
*3 cucharaditas de aceite
  de oliva virgen*
*1 cucharadita de
  vinagre de vino tinto*

1. Precaliente el horno a 200°C y forre una bandeja con aluminio.
2. Corte el pimiento en cuartos y elimine las semillas y las membranas. Dispóngalo en la bandeja con la piel hacia arriba, junto con la berenjena. Áselos de 50 a 60 minutos, o hasta que la piel del pimiento forme ampollas y la berenjena esté dorada y tierna al pincharla con un cuchillo afilado.
3. Cuando estén fríos, retíreles la piel con cuidado. Corte el pimiento en tiras largas y finas, y la berenjena en trozos grandes. Mézclelos en un cuenco con la cebolla, el tomate, el perejil y el ajo. Bata el aceite y el vinagre en una jarra pequeña y sazone generosamente con sal y pimienta negra molida. Viértalo sobre la ensalada y mezcle bien. Cubra y guarde en la nevera 1 hora antes de servir.

VALOR NUTRITIVO
*proteínas 1,5 g; grasas
2,5 g; hidratos de carbono
2,5 g; fibra 2 g; colesterol
0 mg; 40 cal*

Nota: Este plato puede prepararse un día antes y guardarse en la nevera en un recipiente hermético.

*Hígado con limón (arriba) y
Ensalada de berenjena*

Chanquetes fritos

Tiempo de preparación:
10 minutos
Tiempo de cocción:
10 minutos
Para 6 personas

500 g de chanquetes
2 cucharaditas
de sal marina
40 g de harina
30 g de fécula de maíz
2 cucharaditas de
perejil fresco bien
picado
aceite para freír
1 limón en cuñas

1. Mezcle los chanquetes y la sal marina en un cuenco. Tápelo y refrigérelo.
2. Mezcle la harina y la fécula tamizadas con el perejil en un cuenco y sazone con abundante pimienta molida. Llene la tercera parte de una sartén honda con aceite y caliéntelo hasta que al echar un trocito de pan se dore en 15 segundos. Reboce una tercera parte de los chanquetes en la mezcla de harina, sacúdalos para eliminar el exceso y fríalos 1½ minutos, o hasta que hayan tomado un color claro y estén crujientes. Escúrralos bien sobre papel de cocina arrugado. Repita el proceso con el resto de chanquetes y fríalos en dos tandas.

3. Vuelva a calentar el aceite y fría otra vez los chanquetes en tres tandas de 1 minuto cada una, o hasta que estén un poco dorados. Escurra el pescado en papel de cocina y sírvalo caliente con el limón.

VALOR NUTRITIVO POR RACIÓN *proteínas 20 g; grasas 9 g; hidratos de carbono 9,5 g; fibra 0,5 g; colesterol 60 mg; 190 cal*

Calamares fritos

Tiempo de preparación:
30 minutos + 30 minutos de refrigeración
Tiempo de cocción:
5 minutos
Para 4 personas

480 g (unos 18) calamares pequeños
40 g de harina
aceite para freír
½ limón en cuñas

1. Tire con cuidado de los tentáculos para separarlos de la bolsa y retirar los intestinos a la vez. Separe los intestinos de los tentáculos con un corte bajo los ojos y deseche el pico si aún está en el centro de los tentáculos. Retire la pluma. Frote las bolsas de los calamares bajo el chorro de agua para poder desprender la piel con facilidad. Lave las bolsas y los tentáculos y escúrralos bien. Póngalos en un cuenco y sálelos. Tápelos y refrigérelos unos 30 minutos.
2. Mezcle la harina con una pizca de sal y de pimienta molida en un plato llano. Llene la tercera parte de una sartén honda con aceite y caliéntelo hasta que al echar un trocito de pan se dore en 15 segundos. Reboce los calamares en la harina. Fría las bolsas por tandas de 30 a 60 segundos, o hasta que empiecen a dorarse y ablandarse. Fría los tentáculos de 20 a 30 segundos, o hasta que empiecen a dorarse y ablandarse. Tape parcialmente la sartén durante la cocción para evitar salpicaduras. Escurra los calamares sobre papel de cocina y dispóngalos sobre una fuente de servir. Sálelos y sírvalos calientes con el limón.

VALOR NUTRITIVO POR RACIÓN *proteínas 20 g; grasas 11 g; hidratos de carbono 7,5 g; fibra 0,5 g; colesterol 240 mg; 215 cal*

Nota: Encontrará calamares limpios en la mayoría de pescaderías.

Chanquetes fritos (arriba)
y Calamares fritos

Para retirar los ojos, realice un corte circular en la base de la cabeza.

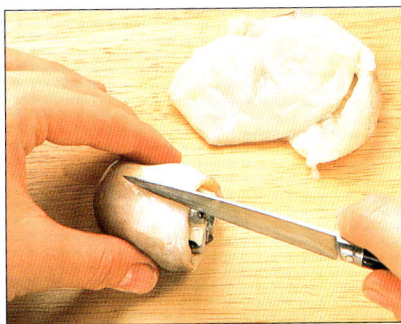

Practique un corte en la cabeza con cuidado y retire los intestinos.

Pulpo al vino tinto

Tiempo de preparación:
 45 minutos
Tiempo de cocción:
 2 horas 20 minutos
Para 4 personas

1 pulpo pequeño (1 kg)
2 cucharadas de aceite
 de oliva
180 g de cebolletas
 en vinagre
80 ml de vinagre
 de vino tinto
185 ml de vino
 tinto seco
1 tomate maduro
 rallado sin piel
1 hoja de laurel
1 cucharadita de
 orégano seco

1. Con un cuchillo afilado, separe la cabeza de los tentáculos del pulpo. Para retirar los ojos, realice un corte circular en la base de la cabeza. Para limpiar esta última, haga un corte con cuidado y saque los intestinos. Parta la cabeza por la mitad. Empuje la parte central de los tentáculos para sacar el pico. Corte los tentáculos en grupos de dos o cuatro, según el tamaño del pulpo. Estire la piel de la cabeza y los tentáculos si sale con facilidad.

2. Ponga el pulpo en una cacerola grande y cuézalo a fuego fuerte en su propio líquido de 15 a 20 minutos, o hasta que esté seco. Añada el aceite y las cebolletas y sacuda la cacerola hasta empapar bien el pulpo. Agregue el vinagre, el tomate, el laurel, el orégano, 250 ml de agua y ¼ cucharadita de pimienta negra molida. Deje que rompa el hervor. Baje el fuego al mínimo y prosiga la cocción de 1½ a 2 horas, o hasta que el pulpo esté tierno. Si no lo está, añada un poco más de agua y prosiga la cocción. En la cacerola debe quedar un poco de líquido para empapar el pulpo, como si fuera una salsa. Resulta delicioso servido caliente con pan crujiente.

VALOR NUTRITIVO POR RACIÓN *proteínas 42 g; grasas 13 g; hidratos de carbono 6,5 g; fibra 1 g; colesterol 498 mg; 315 cal*

Nota: Cuando compre pulpos, elija los más jóvenes y pequeños, ya que son más tiernos que los de mayor tamaño.
El pulpo es de la misma familia que el calamar y la sepia, por lo que puede sustituirlo si no encuentra un ejemplar pequeño.
Consejo: Elija un tomate maduro pero firme para poder rallarlo con mayor facilidad.

Pulpo al vino tinto

Empuje con los dedos el centro de los tentáculos para extraer el pico.

Cueza el pulpo en su propio líquido a fuego fuerte hasta que esté seco.

Queso frito

Tiempo de preparación:
  10 minutos
Tiempo de cocción:
  5 minutos
Para 3 personas

250 g de kefalograviera
(véase Nota pág. 12)
2 cucharadas de harina
60 ml de aceite de oliva
½ cucharadita de
  orégano seco
½ limón en cuñas

1. Corte el queso en
lonchas de 1 cm de
grosor. La longitud
puede ser la que desee,
ya que podrá cortarlas
en el momento de
servir.
2. Ponga la harina en
un plato llano y sazóne-
la generosamente con
pimienta molida. Rebo-
ce el queso en la harina.
3. Caliente el aceite a
fuego fuerte en una
sartén. Sofría el queso
1 minuto, o hasta que
la parte inferior esté
dorada y crujiente.
Dé la vuelta al queso
con cuidado para
dorarlo por la otra
cara. Póngalo en una
fuente de servir y es-
polvoree el orégano
por encima. Sirva el
queso caliente con las
cuñas de limón, rociado
con zumo de limón.
Esta preparación re-
sulta delicioso acom-
pañado de pan fresco.

VALOR NUTRITIVO
*proteínas 35 g; grasas 45 g;
hidratos de carbono 6 g;
fibra 0,5 g; colesterol
80 mg; 565 cal*

Pulpo encurtido

Tiempo de preparación:
  30 minutos + 1-2 días
  de refrigeración
Tiempo de cocción:
  1 hora
Para 6 personas

1 pulpo pequeño (1 kg)
12 granos de pimienta
  negra enteros
2 hojas de laurel
1 cucharada de orégano
  fresco
2 cucharaditas de
  tomillo fresco
1 diente de ajo pequeño
  fileteado
250 ml de vinagre
  de vino tinto
350 ml de aceite
  de oliva

1. Con un cuchillo afilado, separe la cabeza
de los tentáculos del
pulpo. Para retirar los
ojos, realice un corte
circular en la base de la
cabeza, y practique
otro corte con cuidado
para extraer los intesti-
nos. Parta la cabeza del
pulpo por la mitad.
Empuje la parte central
de los tentáculos para
sacar el pico. Corte los
tentáculos en grupos de
dos. Estire la piel de la
cabeza y los tentáculos
del pulpo si sale con
facilidad.
2. Ponga el pulpo, la
pimienta y el laurel en
una cacerola. Cuézalo
todo tapado a fuego
medio en su propio
líquido 1 hora, o
hasta que esté tierno.
Escúrralo y deje enfriar
durante 20 minutos.
Reserve los granos de
pimienta y las hojas
de laurel.
3. Esterilice una jarra
de vidrio de 1 litro
(véase pág. 32) y llé-
nela con el pulpo, los
granos de pimienta
y las hojas de laurel.
Agregue las hierbas
y el ajo. Vierta el
vinagre y suficiente
aceite para cubrirlo
todo por completo.
Tape la jarra hermé-
ticamente y sacúdala
con cuidado para que
se mezclen bien todos
los ingredientes.
4. Refrigere el pulpo
1 ó 2 días, sacudiendo
la jarra de vez en cuan-
do. Esta preparación
se conserva hasta
5 días en la nevera.
Sirva el Pulpo encur-
tido a temperatura
ambiente.

VALOR NUTRITIVO
*proteínas 30 g; grasas 15 g;
hidratos de carbono 0 g;
fibra 0 g; colesterol 330 mg;
250 cal*

*Queso frito (arriba)
y Pulpo encurtido*

Galletas de aceite

Tiempo de preparación:
30 minutos + 1 hora
30 minutos en reposo
Tiempo de cocción:
1 hora 30 minutos
Para 45 unidades

7 g de levadura seca
1 cucharadita de azúcar
185 g de harina
225 g de harina integral
1 cucharadita de canela
1 ½ cucharadas de
semillas de sésamo
tostadas
125 ml de aceite de oliva

Cobertura
4 tomates maduros
en dados
160 g de queso feta
desmenuzado
80 ml de aceite de oliva
virgen
2 cucharadas de vina-
gre de vino tinto
1 cucharadita de
orégano seco

1. Mezcle la levadura, el azúcar, 2 cucharadas de la harina blanca y 60 ml de agua tibia en un bol. Cúbralo con film transparente y re- sérvelo en un lugar cá- lido 10 minutos, o has- ta que espumee.
2. Tamice la harina res- tante y la canela en un bol y devuelva los ho- llejos al bol. Agregue el sésamo y ½ cucharadita de sal y remueva. Vierta el aceite y repártalo; sujete la mezcla de ha- rina con una mano y frote la superficie con la otra. Haga un hueco en el centro y vierta la mezcla de levadura con unos 60 ml de agua tibia hasta obtener una masa flexible pero no pegajosa.
3. Trabájela en una superficie enharinada 2 minutos, o hasta que esté homogénea y elástica. Pásela a un bol untado con aceite y déle la vuelta para que se empape. Cubra la masa con film transpa- rente y resérvela en un lugar cálido de 45 a 60 minutos, o hasta que doble su volumen.
4. Engrase una bandeja de horno. Divida la ma- sa en tres porciones. Amáselas con un rodi- llo y moldéelas en for- ma de salchicha de 30 cm. Ponga el primer ro- llo en la bandeja. Con un cuchillo de sierra, practique cortes verticales cada 2 cm. para marcar (unas 15 porciones). Haga lo mismo con los otros dos rollos.
5. Tápelos con un paño y resérvelos en un lugar cálido 30 minutos, o hasta que leuden. Precaliente el horno a 200°C. Hornee los ro- llos 30 minutos, o hasta que la parte inferior es- té dorada y al golpear- los suenen huecos. Baje el horno a 120°C. Déje- los enfriar 5 minutos.
6. Ponga los rollos sobre una tabla de cocina y córtelos siguiendo las marcas. Reparta las galletas en dos bandejas de horno con la parte cortada hacia arriba. Hornéelas 30 minutos, o hasta que la parte superior esté seca. Dé la vuelta a las galletas y hornéelas 30 minutos más, o has- ta que estén secas y cru- jientes. Déjelas enfriar. Guárdelas en un reci- piente hermético 3 se- manas como máximo.
7. Remoje unos segun- dos las galletas en agua fría y póngalas en una bandeja. Cúbralas con el tomate y el feta mez- clados. Rocíelo con el aceite y el vinagre mez- clados. Esparza el oré- gano encima y sazone.

VALOR NUTRITIVO POR RACIÓN *proteínas 1,5 g; grasas 5,5 g; hidratos de carbono 4 g; fibra 0,5 g; colesterol 2,5 mg; 70 cal*

Nota: Para variar la cobertura, mezcle 10 aceitunas *kalamata* des- huesadas y en cuartos, 1 pimiento asado en ro- dajas y 2 cucharadas de perejil picado. Sazone. Mezcle 3 cucharadas de aceite de oliva virgen y 1 de vinagre de vino tin- to, y viértalo por encima.

Galletas de aceite

Haloumi
a la barbacoa

Tiempo de preparación:
  15 minutos
Tiempo de cocción:
  10 minutos
Para 10 unidades

1 barra de pan francés
250 g de haloumi
  (véase Nota pág. 31)
3 cucharadas de aceite
  de oliva
1 diente de ajo
  majado
½ cucharadita de
  menta fresca bien
  picada

1. Corte el pan diagonalmente en rebanadas de 1½ cm de grosor. Corte el mismo número de lonchas de *haloumi* de 3 a 5 mm de grosor del mismo tamaño que las rebanadas de pan.
2. Caliente una fuente de barbacoa con aceite. Tueste el pan por ambos lados hasta que esté dorado y distribúyalo en una fuente de servir. Píntelo un poco con 1 cucharada de aceite de oliva.
3. Pinte el *haloumi* con 1 cucharada de aceite de oliva y el ajo. Áselo en la barbacoa durante 1 minuto o hasta que esté tierno y dorado por ambos lados. Disponga las lonchas sobre el pan, aderécelo con el aceite restante y esparza la menta y pimienta por encima. Sírvalo caliente.

VALOR NUTRITIVO POR UNIDAD *proteínas 6,5 g; grasas 10 g; hidratos de carbono 7,5 g; fibra 0,5 g; colesterol 13 mg; 150 cal*

Guiso de judías
de Lima

*Tiempo de
preparación:*
  20 minutos + 1 noche
  en remojo
Tiempo de cocción:
  2 horas
Para 8 personas

185 g de judías de
  Lima secas
60 ml de aceite de oliva
1 cebolla grande por
  la mitad y en aros
1 diente de ajo picado
1 zanahoria pequeña
  picada
1 tallo de apio pequeño
  picado
400 g de tomate en
  conserva
1 cucharada de concentrado de tomate
2 cucharaditas de
  eneldo fresco picado

1. Ponga en remojo las judías en abundante agua fría la noche anterior. Escúrralas bien.
2. Lleve agua a ebullición en una cacerola grande, añada las judías y lleve de nuevo a ebullición. Baje el fuego a medio y cueza las judías, parcialmente tapadas, de 45 a 60 minutos, o hasta que estén tiernas pero no deshechas. Escúrralas. Precaliente el horno a 180°C.
3. Caliente el aceite en una cazuela refractaria de 2,5 litros a fuego medio. Agregue la cebolla, el ajo, la zanahoria y el apio. Fría 5 minutos, o hasta que la cebolla esté translúcida. Añada el tomate, el concentrado y 125 ml de agua. Lleve a ebullición, baje el fuego y deje cocer 3 minutos.
4. Agregue las judías y el eneldo. Salpimiente. Cuando rompa de nuevo el hervor, introduzca la cazuela en el horno y hornee, sin tapar, 50 minutos, o hasta que la preparación esté espesa y las judías tiernas. Sirva caliente o a temperatura ambiente.

VALOR NUTRITIVO *proteínas 6 g; grasas 7,5 g; hidratos de carbono 10 g; fibra 5,5 g; colesterol 0 mg; 140 cal*

Nota: Este guiso puede prepararse 3 días antes y guardarse tapado en la nevera. Sírvalo a temperatura ambiente.

*Haloumi a la barbacoa (arriba)
y Guiso de judías de Lima*

Salsas

Ninguna meze está completa sin las deliciosas salsas que han dado fama a la cocina mediterránea.

TARAMASALATA

Descortece 4 rebanadas de pan blanco. Ponga el pan en un bol, cúbralo con agua, escúrralo y elimine el agua al máximo. Páselo a un bol mediano. Ralle bien fina una cebolla pequeña sobre el bol. Añada 100 g de *tarama* (huevas de bacalao), 2 cucharadas de zumo de limón recién exprimido, 3 cucharadas de aceite de oliva y una pizca de pimienta negra. Mezcle bien los ingredientes con un tenedor o páselos por la batidora hasta homogeneizarlos. Puede prepararse 3 días antes y guardarse en un recipiente hermético en la nevera. Para 250 ml.

SALSA DE FETA

Ponga 100 g de ricotta, 175 g de feta, 3 cucharadas de aceite de oliva, 3 cucharaditas de menta fresca picada fina y ¼ cucharadita de pimienta negra molida en un bol. Mezcle con un tenedor para deshacer un poco los quesos pero sin que pierdan la textura grumosa. Puede prepararse 3 días antes y guardarse en un recipiente hermético en la nevera. Para 250 ml.

BABA GANOUJ

Haga cuatro cortes superficiales en una berenjena de unos 500 g. Ásela a la barbacoa o a la parrilla de 15 a 20 minutos, girándola para que se ase uniformemente hasta que esté tierna. Póngala en un escurridor hasta que pierda todo el líquido. Déjela enfriar, pélela, córtela en trozos grandes y mézclala en el robot de cocina con 1½ cucharadas de zumo de limón recién exprimido, 1½ cucharadas de aceite de oliva, 2 cucharadas de pasta *tahini*, 2 dientes de ajo majados, ½ cucharadita de comino molido, una buena pizca de sal y otra de pimienta negra molida. Cuando la mezcla esté homogénea, viértala en un bol y añada 7 g de perejil fresco picado. Puede prepararse 3 días antes y guardarse en un recipiente hermético en la nevera. Para 250 ml.

HUMMUS

Deje en remojo 125 g de garbanzos en abundante agua la noche anterior. Escúrralos y póngalos en una cacerola con agua hirviendo. Cuézalos tapados a fuego medio 1 hora, o hasta que estén tiernos. Escúrralos y devuélvalos a la cacerola. Añada 1 cucharada de aceite de oliva, 1 cebolla pequeña picada fina, 1½ cucharaditas de comino molido y una pizca de pimienta de Cayena. Cuézalos 1 minuto a fuego fuerte, o hasta que desprendan olor. Mézclelos en el robot de cocina con 2 cucharadas de zumo de limón recién exprimido, 125 ml de aceite de oliva y 3 dientes de ajo majados. Sale y triture hasta obtener una mezcla homogénea. Si prefiere una consistencia menos espesa, añada un poco de agua. Puede prepararse con 5 días de antelación y guardarse en un recipiente hermético en la nevera. Para 500 ml.

SALSA DE PIMIENTO ROJO Y NUECES

Parta 2 pimientos rojos en cuartos y deseche las semillas. Póngalos con la piel hacia arriba bajo el grill precalentado del horno y áselos hasta que se formen ampollas en la piel. Pélelos. Caliente 1 cucharada de aceite de oliva en una cacerola, añada 1 cebolla picada y 1 diente de ajo majado y cuézalo hasta que esté tierno. Agregue ½ cucharadita de polvo de guindilla seca. Muela 60 g de nueces y añada el pimiento, la mezcla de cebolla, 3 cucharadas de aceite de oliva, 2 cucharaditas de vinagre de vino tinto y ¼ cucharadita de sal. Triture la mezcla hasta que esté casi homogénea. Puede prepararse 5 días antes y guardarse en un recipiente hermético en la nevera. Para 250 ml.

TZATZIKI

Ralle grueso un pepino pequeño sin pelar. Añada 250 ml de yogur tipo griego, 2 dientes de ajo majados, 1 cucharada de vinagre de vino tinto, 1 cucharada de aceite de oliva, ¼ cucharadita de sal y ½ de pimienta negra. Mezcle bien y sirva. Puede prepararse 3 días antes y guardarse en un recipiente hermético en la nevera. Para 375 ml.

Página anterior
De arriba a abajo:
Taramasalata;
Salsa de feta;
Baba ganouj.
En esta página
De arriba a abajo:
Hummus; Salsa
de pimiento rojo
y nueces; Tzatziki.

Coliflor encurtida

Tiempo de preparación:
  10 minutos
Tiempo de cocción:
  10 minutos
Para 6 personas

500 ml de vinagre
  de vino blanco
1 cucharada de semillas
  de mostaza
½ cucharadita de
  semillas de comino
3 hojas de laurel
185 g de azúcar
  extrafino
400 g de coliflor
  en ramilletes

1. Ponga el vinagre, el laurel, el azúcar y las semillas en una cacerola. Renueva a fuego medio hasta que se disuelva el azúcar. Lleve a ebullición, baje el fuego y añada la coliflor. Cuézala 4 minutos, o hasta que esté tierna pero firme.
2. Retire la cacerola del fuego y deje que la coliflor se enfríe en el líquido. Sírvala fría o a temperatura ambiente.

VALOR NUTRITIVO
proteínas 1,5 g; grasas 0 g; hidratos de carbono 30 g; fibra 1 g; colesterol 0 mg; 145 cal

Nota: Para conservar la coliflor, enjuague una jarra de cristal con agua hirviendo y séquela en el horno a temperatura media. Vierta en ella el líquido y la coliflor aún calientes y ciérrela herméticamente antes de que se enfríen. Se conserva hasta 3 meses sin abrir.

Calamares rellenos

Tiempo de preparación:
  40 minutos + 20 mi-
  nutos para que se
  enfríe
Tiempo de cocción:
  20 minutos
Para 16 unidades

60 ml de vino
  blanco seco
500 ml de caldo vegetal
½ bulbo de hinojo
1 puerro, sólo la
  parte blanca
25 g de mantequilla
1 cucharada de aceite
220 g de arroz arborio
una pizca de azafrán
  en polvo
16 bolsas de calamar
  pequeñas (de unos
  35 g cada una)
3 limones en rodajas

1. Mezcle el vino con el caldo y llévelo a ebullición a fuego medio.
2. Corte el hinojo y el puerro en rodajas finas y póngalas en una cacerola de fondo pesado con la mantequilla y el aceite. Cueza todo removiendo a fuego medio 4 minutos, o hasta que esté tierno. Agregue el arroz y remuévalo 1 minuto. Vierta gradualmente la mezcla de caldo caliente a cucharones y remueva a menudo hasta que el líquido se absorba antes de añadir más. Cuando el arroz esté tierno, añada el azafrán y salpimiente. Esparza el risotto en una bandeja llana para que se enfríe un poco.
3. Rellene los calamares con 2 cucharaditas de risotto. No los llene en exceso para evitar que se rompan al cocerlos. Cierre las bolsas con un palillo. Precaliente el horno a 180°C.
4. Forre una bandeja de horno con papel de aluminio, distribuya el limón y cúbralo con los calamares rellenos. Tápelos y hornéelos, dándoles una vuelta, 20 minutos o hasta que estén cocidos y tiernos. No rocíe los calamares con la salsa para evitar que amarguen. Deseche el limón y el líquido, y sirva los calamares enteros o cortados en rodajas.

VALOR NUTRITIVO POR RACIÓN *proteínas 1,5 g; grasas 2,5 g; hidratos de carbono 12 g; fibra 1 g; colesterol 8,5 mg; 80 cal*

*Coliflor encurtida (arriba) y
Calamares rellenos de risotto al azafrán*

Alcachofas estofadas

Tiempo de preparación:
  15 minutos
Tiempo de cocción:
  10 minutos
Para 4 personas

2 latas de 400 g de
  alcachofas escurridas
10 tiras de limón
  en lata sin la pulpa
  y con la cáscara
  lavada (véase Nota)
125 ml de aceite
  de oliva
125 ml de aceite
  vegetal
125 ml de vinagre
  de jerez
1 cucharada de hojas
  de tomillo fresco

1. Ponga las alcachofas, la cáscara de limón, los aceites, el vinagre y el tomillo en una cacerola. Tape y cueza 10 minutos. Retire del fuego y deje que las alcachofas se enfríen en el líquido.
2. Sirva tibio o frío, solo o como acompañamiento de cordero a la parrilla.

VALOR NUTRITIVO POR RACIÓN *proteínas 4 g; grasas 15 g; hidratos de carbono 3 g; fibra 6 g; colesterol 0 mg; 162 cal*

Nota: Las alcachofas se conservan hasta 3 meses en una jarra esterilizada *(véase pág. 32),* cerrada herméticamente.

Nota: Los limones en lata son limones frescos conservados en sal, disponibles en tiendas especializadas.

Mejillones con salsa de azafrán

Tiempo de preparación:
  40 minutos
Tiempo de cocción:
  30 minutos
Para 6 personas

250 g de patatas kipfler
  sin pelar
20 mejillones negros
80 ml de vino
  blanco seco
1 cebolla pequeña
  en aros
2 ramitas de tomillo
  fresco
2 hojas de laurel
una pizca de azafrán
  en polvo
2 cucharadas de
  crema agria
1 cucharadita de perejil
  fresco picado

1. Ponga las patatas en una cacerola con agua fría con un poco de sal. Deje que rompa el hervor, baje el fuego y cuézalas 20 minutos. Escúrralas y deje que se enfríen.

2. Retire las barbas de los mejillones y raspe las valvas. Deseche los que estén abiertos. Ponga el vino, la cebolla, las ramitas de tomillo, las hojas de laurel y la mitad de los mejillones en una olla con tapa hermética. Cuézalos tapados a fuego fuerte, removiendo una vez, unos 4 minutos, o hasta que los mejillones empiecen a abrirse. A medida que se vayan abriendo, retírelos con unas tenazas. Deseche los cerrados y, a continuación, deje que se enfríen.
3. Cuele el líquido de cocción de los mejillones y reserve 60 ml. Cuando el líquido esté aún tibio, mézclelo con el azafrán y la crema agria; bátalo todo y salpimiente al gusto.
4. Corte las patatas diagonalmente en rodajas de 2 cm de diámetro. Separe las valvas de los mejillones y deséchelas. Disponga las rodajas de patata con los mejillones sobre una fuente de servir y báñelos con la salsa de azafrán. Decore la preparación con el perejil y sirva inmediatamente.

VALOR NUTRITIVO *proteínas 1,5 g; grasas 4,5 g; hidratos de carbono 6,5 g; fibra 1 g; colesterol 8,5 mg; 153 cal*

Alcachofas estofadas (arriba) y Mejillones con salsa de azafrán

Corégono con naranja

Tiempo de preparación:
 30 minutos
Tiempo de cocción:
 5 minutos
Para 4 personas

500 g de filetes de
 corégono firmes
2 cucharadas de
 vinagre de jerez
1 cucharada de zumo
 de naranja
1 cucharada de aceite
 de oliva
2 naranjas
½ hinojo cortado en
 rodajas finas
80 g de aceitunas
 negras marinadas

1. Retire la piel y las espinas del corégono. Necesitará unos 250 g de pescado en trozos grandes (de unos 5 cm).
2. Mezcle el vinagre, el zumo de naranja y el aceite de oliva y sazone con sal y pimienta negra molida.
3. En una cacerola, lleve agua con un poco de sal a ebullición y sumerja con cuidado el pescado. Hiérvalo 5 minutos, o hasta que empiece a estar cocido. Con una espumadera, retírelo del agua sin que se rompa. Cuando esté tibio, córtelo en trozos finos. Añada el pescado al aderezo de vinagre y deje que se enfríe.

4. Retire la cáscara y la parte blanca de las naranjas. Con un cuchillo afilado, haga cortes entre las membranas para separarlas en gajos.
5. En un cuenco, mezcle las rodajas de hinojo, las aceitunas y los gajos de naranja. A continuación, vierta la mezcla de pescado con una cuchara sobre la ensalada. Sazone con sal y pimienta molida. Sirva la ensalada a temperatura ambiente.

VALOR NUTRITIVO POR RACIÓN *proteínas 25 g; grasas 4,3 g; hidratos de carbono 6 g; fibra 2 g; colesterol 90 mg; 175 cal*

Souvlakia

Tiempo de preparación:
 20 minutos + 1 hora
 en remojo + 1 hora
 de refrigeración
Tiempo de cocción:
 10 minutos
Para 6 personas

1 kg de chuletas de
 cerdo deshuesadas
1 cucharada de orégano
 seco
125 ml de zumo
 de limón
2 dientes de ajo majados
1 cucharada adicional
 de zumo de limón
1 cucharada de aceite
 de oliva

1. Tenga en remojo 1 hora doce broquetas de madera de 15 cm, o hasta que se hundan. Así evitará que se quemen durante la cocción.
2. Retire la grasa de las chuletas y córtelas en dados de 2 cm. Mezcle el orégano, el zumo de limón, el ajo y ½ cucharadita de pimienta negra molida en un cuenco. Añada las chuletas y remuévalas hasta que se empapen bien. Tape y refrigere 1 hora. Bata el zumo adicional, el aceite, ½ cucharadita de sal y ½ de pimienta negra molida en una jarra hasta mezclar bien.
3. Ensarte los dados de carne en las broquetas.
4. Caliente una fuente de barbacoa ligeramente engrasada o una parrilla. Ase los *souvlakia* de 8 a 10 minutos, dándoles una vuelta. Dispóngalos en una fuente de servir y vierta la mezcla batida de limón por encima. Sírvalo caliente acompañado de *tzatziki (véase* la pág. 49).

VALOR NUTRITIVO *proteínas 40 g; grasas 6 g; hidratos de carbono 0,5 g; fibra 0 g; colesterol 80 mg; 210 cal*

Nota: Si macera la carne horas antes potenciará aún más el sabor.

Corégono con naranja (arriba) y Souvlakia

Corte el beicon y los champiñones en
dados pequeños.

Cueza el beicon y los champiñones hasta
que estén tiernos y sazónelos.

Borek de champiñones

Tiempo de preparación:
  40 minutos +
  refrigeración
Tiempo de cocción:
  30 minutos por tanda
Para 24 unidades

4 lonchas de beicon
250 g de champiñones
1 cucharada de aceite
  de oliva
1 cebolla picada
¼ cucharadita de
  pimentón dulce
6 láminas de masa de
  hojaldre preparada
  descongelada

1. Corte el beicon y los champiñones en dados de ½ cm. Caliente el aceite en una sartén antiadherente a fuego medio y añada la cebolla y el pimentón. Sofría la cebolla 3 minutos sin dejar que se dore. Agregue el beicon y fría 3 minutos más. Incorpore los champiñones y cueza 5 minutos más, o hasta que todos los ingredientes estén tiernos. Sazone con abundante sal y pimienta negra molida y ponga la mezcla en un cuenco. Reserve y deje enfriar por completo.
2. Con un cortapastas de 10 cm, corte cuatro cículos de cada lámina de hojaldre. Ponga la masa en la nevera para poder trabajarla con facilidad. Precaliente el horno a 200°C.
3. Ponga 1 cucharada de la mezcla fría de beicon y champiñones en el centro de cada círculo de masa. Levante los bordes para formar cuatro paredes. Para sellar el *borek*, una firmemente los bordes con las puntas de los dedos humedecidas. Repita con el resto de la masa y del relleno.

4. Hornee los *borek* en una bandeja de horno forrada con papel engrasado de 20 a 30 minutos, o hasta que la masa esté dorada y cocida. Esta preparación resulta deliciosa recién salida del horno o tibia.

VALOR NUTRITIVO
POR RACIÓN *proteínas 5,5 g; grasas 10 g; hidratos de carbono 15 g; fibra 1 g; colesterol 18 mg; 180 cal*

Nota: Si bien el origen de los *borek* suele atribuirse a Turquía, este plato también es típico de Oriente Próximo y Europa del Este. Además de champiñones, también pueden rellenarse con carne, espinacas o queso; asimismo los *borek* pueden moldearse en forma de triángulo, cuadrado o círculo. Además, el hojaldre puede sustituirse por pasta quebrada, pasta filo o masa leudada.

Borek de champiñones

Ponga una cucharada de la mezcla en el centro de cada círculo de masa.

Levante la masa para formar cuatro lados y pellízquelos para sellar el borek.

Carne de vacuno en hojas de col

Tiempo de preparación:
 1 hora
Tiempo de cocción:
 20 minutos
Para 8 unidades

1 cucharada de aceite
2 cebollas picadas
400 g de carne de
 vacuno picada
¼ cucharadita de nuez
 moscada rallada
1 cucharadita de canela
 en polvo
50 g de piñones un
 poco tostados
1 cucharada de perejil
 fresco picado
1 cucharada de menta
 fresca picada
8 hojas de col grandes

1. Caliente el aceite en una sartén antiadherente y sofría la cebolla hasta que esté tierna. Añada la carne picada, la nuez moscada, la canela y los piñones. Salpimiente. Cueza 5 minutos, o hasta que la carne esté lista. Deje enfriar en un bol. Añada el perejil y la menta, y mezcle.
2. Lleve a ebullición agua con un poco de sal en una cacerola. Hierva las hojas por tandas unos 2 minutos, o hasta que empiecen a estar tiernas. Enjuáguelas bajo el chorro del agua. Deseche los tallos gruesos.
3. Deposite un poco de picadillo sobre cada hoja y enróllala, plegando los lados hasta formar un paquete, para que el relleno quede cubierto. Hierva los rollos al vapor durante 10 minutos, o hasta que se calienten bien. Sírvalo tibio o frío.

VALOR NUTRITIVO POR RACIÓN *proteínas 12 g; grasas 12 g; hidratos de carbono 2 g; fibra 1,5 g; colesterol 30 mg; 165 cal*

Gazpacho blanco

Tiempo de preparación:
 45 minutos + 1 noche
 de refrigeración
Tiempo de cocción:
 2 minutos
Para 4 personas

125 ml de caldo
 de pollo
1 barra de pan cortada
 en dados sin la
 corteza
300 g de uvas verdes
95 g de almendras
 molidas
1 diente de ajo majado
80 ml de aceite de oliva
1½ cucharadas de
 verjus o *zumo de
 limón (véase Nota)*

1. Caliente el caldo de pollo en una cacerola pequeña y añada el pan. Presione el pan dentro del caldo con un tenedor hasta que absorba todo el líquido y esté homogéneo. Deje que se enfríe.
2. Muela las uvas en un robot de cocina y cuélelas para eliminar la piel y las semillas. Limpie el robot y triture las almendras, el ajo y el pan. Mientras procesa a velocidad mínima, vierta gradualmente el puré de uvas y el aceite de oliva. Sazone al gusto. Para obtener una textura más fina, cuélelo. Añada el *verjus* o el zumo de limón.
3. Deje enfriar la sopa y sírvala fría decorada con rodajas de uvas verdes. Si resulta demasiado espesa, añada un poco más de caldo. Para obtener un resultado óptimo, guarde la sopa en la nevera la noche anterior. Sirva el gazpacho en pequeñas raciones, ya que es un plato muy nutritivo.

VALOR NUTRITIVO POR RACIÓN *proteínas 6 g; grasas 35 g; hidratos de carbono 15 g; fibra 3 g; colesterol 0 mg; 375 cal*

Nota: El *verjus* es un líquido agrio elaborado con uvas sin madurar.

*Carne de vacuno en hojas de col (arriba)
y Gazpacho blanco*

Broquetas de atún con alcaparras

Tiempo de preparación:
20 minutos + 1 hora
en remojo + 30 minu-
tos en marinada
Tiempo de cocción:
10 minutos
Para 8 unidades

1 trozo de atún fresco
 de 250 g
½ limón
1 cucharada de zumo
 de limón
1 cucharada de aceite
 de oliva
16 alcaparras
8 aceitunas verdes
 rellenas de anchoa

1. Si va a utilizar bro-
quetas de madera, tén-
galas en remojo en agua
fría 1 hora, o hasta que
se hundan, para que no
se quemen al asarlas.
Corte el atún en 24 da-
dos iguales. Retire la
cáscara del limón evi-
tando la parte blanca y
córtela en tiras finas.
Mezcle el atún, la cás-
cara de limón, el zumo
y el aceite en un cuenco.
2. Ensarte, alternados,
3 trozos de atún, 2
alcaparras y 1 aceituna
en cada broqueta.
3. Ponga las broquetas
en una fuente que no
sea metálica y riéguelas
con la marinada. Guár-

delas en la nevera, ta-
padas, 30 minutos.
4. Precaliente el grill y
ase las broquetas 1 mi-
nuto por cada lado
(4 minutos en total), o
hasta que el atún esté
cocido. No lo cueza mu-
cho para evitar que se
seque. Sírvalo caliente.

VALOR NUTRITIVO POR
UNIDAD *proteínas 3 g;
grasas 5 g; hidratos de
carbono 35 g; fibra 0,5 g;
colesterol 0 mg; 73 cal*

Empanadillas de queso

Tiempo de preparación:
40 minutos
Tiempo de cocción:
20 minutos
Para 16 unidades

160 g de feta rallado
60 g de ricotta
2 cucharadas de menta
 fresca picada
1 huevo poco batido
2 cebolletas picadas
 finas
2 cucharadas de pan
 rallado
4 láminas de masa
 de hojaldre preparada
1 huevo poco batido,
 adicional
1 cucharada de semillas
 de sésamo

1. Precaliente el horno
a 220°C. Engrase dos
bandejas de horno.

2. Mezcle con la ayuda
de un tenedor el feta,
el *ricotta*, la menta, el
huevo, la cebolleta,
el pan rallado y ½ cu-
charadita de pimienta
negra molida en un
cuenco hasta homoge-
neizar la mezcla y des-
hacer el *ricotta*.
3. Con un cortapastas
de 10 cm de diámetro
o un plato pequeño,
corte círculos en las
láminas de hojaldre.
Disponga cucharadas
rasas de la mezcla en
el centro de cada círcu-
lo y pinte un poco los
bordes con agua. Plié-
guelos para cubrir el
relleno, evitando que
quede aire, y séllelos
firmemente con los
dientes de un tenedor
hasta obtener una
forma de media luna.
Pinte las empanadillas
con el huevo adicional
y esparza las semillas
de sésamo por encima.
4. Reparta las empana-
dillas en las bandejas
y hornéelas de 15 a
20 minutos, o hasta
que la masa esté bien
dorada y aumente de
volumen. Sírvalas
calientes.

VALOR NUTRITIVO POR
UNIDAD *proteínas 5,5 g;
grasas 15 g; hidratos de
carbono 15 g; fibra 0,5 g;
colesterol 40 mg; 205 cal*

Nota: Puede prepararlas
hasta el paso 3 y guar-
darlas tapadas en la
nevera hasta 2 días.

*Broquetas de atún con alcaparras (arriba)
y Empanadillas de queso*

Guiso de judías verdes

Tiempo de preparación:
25 minutos
Tiempo de cocción:
35 minutos
Para 6 personas

500 g de judías verdes
60 ml de aceite de oliva
2 cebollas picadas
1 diente de ajo picado
3 tomates en dados
1 cucharada de concentrado de tomate
125 ml de puré de tomate
2 cucharadas de perejil fresco picado
¼ cucharadita de azúcar

1. Corte los extremos de las judías y pártalas por la mitad.
2. Caliente el aceite en una cacerola grande y sofría la cebolla y el ajo a fuego bajo 5 minutos, o hasta que estén tiernos. Añada el tomate, el concentrado y el puré, y cueza a fuego medio 5 minutos.
3. Añada las judías, el perejil y el azúcar. Salpimiente. Mezcle hasta que las judías se empapen bien, tape la cacerola y cueza a fuego lento 25 minutos, o hasta que las judías estén tiernas. Remueva tres o cuatro veces. Sirva las judías calientes o a temperatura ambiente.

VALOR NUTRITIVO POR RACIÓN *proteínas 3,5 g; grasas 10 g; hidratos de carbono 7 g; fibra 4 g; colesterol 0 mg; 130 cal*

Tomates rellenos

Tiempo de preparación:
40 minutos
Tiempo de cocción:
50 minutos
Para 8 unidades

8 tomates medianos
110 g de arroz de grano corto
2 cucharadas de aceite de oliva
1 cebolla roja picada
1 diente de ajo majado
1 cucharadita de orégano seco
40 g de piñones
35 g de pasas de Corinto
30 g de albahaca fresca picada
2 cucharadas de perejil fresco picado
1 cucharada de eneldo fresco picado
aceite de oliva para pintar los tomates

1. Engrase una fuente de horno grande. Precaliente el horno a 160°C. Corte la parte superior de los tomates y resérvela. Retire la pulpa con una cuchara y póngala en un escurridor para separarla del líquido.

Corte la pulpa en daditos. Reserve el jugo y la pulpa en dos cuencos. Escurra los tomates boca abajo sobre una rejilla.
2. Hierva el arroz en agua con un poco de sal de 10 a 12 minutos, o hasta que esté tierno. Escúrralo y deje enfriar.
3. Caliente el aceite en una sartén. Sofría la cebolla, el ajo y el orégano 8 minutos, o hasta que la cebolla esté tierna. Añada las pasas y los piñones, y cueza otros 5 minutos, removiendo a menudo. Retire del fuego y añada la albahaca, el perejil y el eneldo. Sazone.
4. Remueva bien la mezcla de cebolla, la pulpa reservada y el arroz. Rellene los tomates con la mezcla de arroz hasta el borde. Ponga 1 cucharada del jugo de tomate reservado sobre cada tomate y cúbralos de nuevo con la parte superior.
5. Pinte un poco los tomates con el aceite y póngalos en una fuente de horno. Hornéelos de 20 a 30 minutos, o hasta que estén cocidos. Sírvalos tibios o fríos.

VALOR NUTRITIVO POR RACIÓN *proteínas 3 g; grasas 10 g; hidratos de carbono 15 g; fibra 2,5 g; colesterol 0 mg; 165 cal*

Guiso de judías verdes (arriba) y Tomates rellenos

Índice

Meze en el menú

Cuando hace buen tiempo, a todos nos apetece reunirnos al aire libre. Y, aunque la barbacoa es la alternativa clásica, de vez en cuando no está mal tentar nuestro paladar con algo distino.

¿QUÉ SON LAS MEZE?

Para empezar a conocer la respuesta, basta combinar los ricos colores y texturas típicos de los países mediterráneos y relajarse junto a buenos amigos, bebidas frías y la luz del sol. Las meze no son sólo un tipo de comida, sino una experiencia única, una fiesta de sabores de Grecia, Turquía y Oriente Próximo.

La traducción literal del griego es "bocados sabrosos" y su función es abrir el apetito antes de la comida principal. Pero cada vez más, las fuentes de meze se consideran una magnífica comida por sí solas. No existen reglas acerca de qué poner en una misma fuente de meze, por lo que puede atreverse con las combinaciones que desee.

EL ACEITE DE OLIVA

La mayoría de los platos para preparar una fuente de meze pueden elaborarse con antelación, ya que la comida puede servirse fría, tibia o caliente. Así, puede relajarse en compañía de sus amigos a la vez que les ofrece tentaciones como kebabs, dolmades, judías, salsas y panes, hortalizas marinadas y marisco.

M

Cocina mediterranea

H KLICZKOWSKI